AF326322

# QUELQUES MOTS

SUR

# M. LUDOVIC HALÉVY

PARIS

IMPRIMERIE DE LA SOCIÉTÉ DE TYPOGRAPHIE

NOIZETTE, DIRECTEUR

8, RUE CAMPAGNE-PREMIÈRE, 8

1888

QUELQUES MOTS



# M. LUDOVIC HALÉVY

# QUELQUES MOTS



# M. LUDOVIC HALÉVY

PARIS

IMPRIMERIE DE LA SOCIÉTÉ DE TYPOGRAPHIE

NOIZETTE, DIRECTEUR

8, RUE CAMPAGNE-PREMIÈRE, 8

—

1888

# QUELQUES MOTS

## SUR

# M. LUDOVIC HALÉVY



Mesdames (1),
Messieurs,

Le patriarche des causeries littéraires qui, pendant plus de vingt-cinq ans, habita le classique rez-de-chaussée de la *Gazette de France*, M. Armand de Pontmartin, étant amené dans son feuilleton hebdomadaire à parler des œuvres de M. Ludovic Halévy, y fit cet humble aveu : « Que rapporter de ce grenier à sel?... Les affaires, c'est l'argent des autres, a dit un moraliste moderne ; la critique c'est l'esprit des autres. Jamais cette humiliante vérité ne m'est apparue plus clairement qu'aujourd'hui. Je n'aurais qu'à transcrire au hasard cinq ou six pages des *Petites Cardinal* ; et j'aurais fait, sans bourse délier, le plus spirituel,

_______

1. Salon des Œuvres, Cercle du Luxembourg.

le plus ébouriffant, le plus irrésistible de mes vingt mille feuilletons. »

Cet aveu d'impuissance n'était pas dicté à M. de Pontmartin par une fausse modestie ; ses paroles sont au contraire le fidèle résumé des impressions que l'on ressent en fermant un de ces livres écrits par le plus Parisien des auteurs. En effet, il est facile ou du moins possible d'étudier les œuvres d'un génie dramatique, les productions d'un talent littéraire, de critiquer, dans le sens strict du mot, les élucubrations désordonnées ou malsaines d'un fou ou d'un imbécile (c'est alors un devoir) — mais parler d'un homme d'esprit et de beaucoup d'esprit, et c'est ici le cas, la tâche est plus périlleuse et plus délicate. L'esprit se cite, il ne s'analyse pas ; il s'impose et les commentaires l'appauvrissent.

Après ce court préambule qu'un Normalien pourrait appeler mes précautions oratoires, je n'irai pas, vous le pensez bien, me poser en arbitre ou en tribunal littéraire. Non, je viens tout simplement vous prier de parcourir avec moi les œuvres du récent académicien et d'en dégager les morceaux saillants. Ce sera tout à la fois faire son éloge ; et franchement, nous devons bien à cette fine plume ce léger tribut de reconnaissance pour les heures agréables ou joyeuses que nous lui devons.

M. Ludovic Halévy s'est tout d'abord révélé comme auteur dramatique ; mais je ne le suivrai pas sur les planches pour la bonne raison qu'infailliblement je l'y rencontrerais escorté de « l'ami Meilhac » son spirituel frère Siamois. Tous deux en effet ont signé *Froufrou*, ce type accompli de la sirène évadée de Saint-Denis ou d'Ecouen ; tous deux ont jeté le sel à pleines mains dans la *Grande Duchesse* et dans la *Belle Hélène*. Qui tenait la salière? qui a épicé la sauce? Mystère et confraternité littéraires! La collaboration, comme le succès, fait honneur aux deux librettistes; l'analyse ne peut ni ne doit les séparer. MM. Meilhac et Halévy ont en quelque sorte fondé une société de l'Esprit parisien en nom collectif, en créant le livret de l'opérette; et quoique ce genre frivole et léger ne côtoie que très imparfaitement la littérature, il convient pourtant de le signaler, parce que chez ces deux auteurs le comique ne repose plus sur l'incohérence de quiproquos plus ou moins bizarres, mais bien sur la critique la plus fine, la plus enjouée des petits travers de notre humanité. Le général Boum s'est rencontré dans tous les pays, et le pauvre Ménélas n'est point malheureusement le seul époux dont il faille apaiser les craintes et consoler les infortunes conjugales.

Notre auteur est boulevardier dans l'âme. Son monde, son horizon s'étendent de la Madeleine à la rue Drouot et de la rue Drouot à la Madeleine; et là, dans ce kaléidoscope bizarre et sans cesse renouvelé qui se déroule sous les yeux du flâneur, il cueille de droite et de gauche une figure, un type; il le suit, l'observe, l'épie; et quand il a bien étudié ce que nous appelons maintenant un document humain, il s'assied n'importe où, au coin d'une table de café ou de cercle. « Garçon, de quoi écrire. » Et le tour est joué. Rien ne lui échappe : le vieux garçon endurci et le militaire amoureux, l'insurgé de 71 et le préfet du 4 Septembre, le petit jeune homme à la mode et le rastaquouère ganté de frais sont tour à tour soigneusement épinglés dans cette collection parisienne. Mais M. Ludovic Halévy n'est pas exclusif dans ses affections; si ses préférences l'attachent à l'asphalte, il ne dédaigne pas le pavé pointu de la province. La veille, nous l'avons laissé à l'Opéra entre les deux petites Cardinal, nous sommes tout surpris de le retrouver le lendemain paisiblement installé avec l'abbé Constantin dans le presbytère de Longueval. Le milieu change, la plume reste la même; l'esprit n'est pas un lourd bagage, il ne paie pas de droits; souvent même il en rapporte à son auteur. Et si le cœur n'a rien à voir dans des intrigues de coulisses, il dépense au contraire toutes ses tendresses, toutes ses délicatesses dans le récit d'une chaste et amoureuse idylle.

I

C'est vers l'année 1872 que M. Ludovic Halévy conçut le projet d'écrire autre chose que des pièces pour les Bouffes ou les Variétés. Le genre par lui adopté dans ses débuts contraste singulièrement avec le caractère des œuvres suivantes.

L'esprit tout ému des spectacles et des récits sanglants de nos dernières batailles, il en trace dans l'*Invasion* des descriptions saisissantes. C'est un fidèle historien, et rien de plus. Point de paroles haineuses contre le souverain malheureux et déchu, point de ces critiques écœurantes qui ont voulu outrager, sans y parvenir, la mémoire de nos généraux, point de ces ridicules accents d'enthousiasme aveugle, saluant un avocat, ministre de la guerre, et acclamant un ballon et le colis qu'il renferme. Non, M. Ludovic Halévy a entendu et vu; il relate simplement ce qu'il a entendu et vu. Et si, par hasard, il vient à déposer la plume pour prendre le fouet, ce sera pour fustiger d'importance les hordes avinées d'un Garibaldi et toute cette pléiade de beaux parleurs qui, du haut d'un perron de sous-préfecture ou de mairie, vantent les bienfaits militaires de la nouvelle République ou réchauffent de périodes ronflantes l'héroïsme de nos pauvres « moblots », en se gardant bien toutefois d'entrer dans leurs rangs.

La guerre est terminée, la Commune a jeté son dernier hoquet, Paris rentre dans le calme, le boulevard se repeuple, l'auteur retrouve son milieu favori. Vous savez comment, en deux coups de plume, il esquisse d'une main sûre les types qu'il a rencontrés. Nous ne pouvons tous les passer en revue ; ce serait leur donner une importance qu'ils n'ont peut-être pas, mais prenons-en quelques-uns au hasard ; à peine ébauchés, ils crient la ressemblance. Dans les salons et dans les cercles, c'est la silhouette du petit Max, le jeune homme à la mode, traînant son boulet de popularité mondaine, sans pouvoir le détacher. Ignorant comme une carpe d'ailleurs, mais délicieusement moulé dans une redingote marron qui est une merveille ; n'ayant jamais ouvert un classique mais bissant chaque soir avec frénésie les couplets du Sabre ; écouté comme un oracle pour sa profonde érudition en matière sportive, mais stupéfié, lorsqu'on lui apprend que la Princesse de Clèves est par M^me de Lafayette. Princesse de Clèves ? M^me de Lafayette ?? Jamais à Longchamps et à Chantilly, il ne connut de pouliches de ce nom. — « Mais, cher monsieur, il y a un malentendu, c'est un titre de livre et le nom de son auteur que je cite. » — « Ah ! ce n'était qu'un livre. » — Petit Max respire, sa mémoire hippique n'était pas en défaut.... l'honneur de la famille est sauvé !

Et comment trouvez-vous ce député, Monségur, qui change d'opinion en même temps que le mari de sa maîtresse ( touchante prévenance d'ami) ; qui saute des rangs de l'extrême-droite par-dessus les centres ahuris pour se réfugier dans les bras de l'extrême-gauche, aux pieds de son Egérie où l'a conduit « une amoureuse étoile ? »

D'ailleurs, dans ses *Nouvelles* comme dans l'*Invasion*, M. Ludovic Halévy n'a jamais épargné ces politiciens d'occasion qui depuis 1870 tiennent le haut du trottoir. C'est un feu d'artifice de fines railleries et de sarcastiques remarques qui va tout à l'heure s'épanouir en bouquet autour de la figure de M. Cardinal, devenu homme politique.

Si, à la suite de notre auteur, nous pénétrons dans une sous-préfecture de province, nous y faisons connaissance avec un sous-préfet du 4 Septembre qui vient remplacer celui du 3 en attendant d'être remplacé à son tour par celui du 5. — Le citoyen Labordette, de son état rapin incompris, ignore totalement ce qu'est un conseil de préfecture, mais en revanche est depuis longtemps initié aux mystères du conseil judiciaire. De première force au billard, il abandonne au hasard la conduite des affaires de son arrondissement... qui ne s'en porte que mieux ; et si son souvenir ne reste pas gravé dans la mémoire de ses administrés, il ne quitte point l'esprit de son prédécesseur auquel il doit encore à l'heure actuelle 25 louis de fournitures de bureaux.

Que vous citer encore ? Les pérégrinations de l'ambassadeur chinois en 1871 à la recherche du gouvernement provisoire ? Renvoyé de Paris à Chislehurst par les bonapartistes, il part pour Froshdorf sur les conseils des royalistes, et revient à Paris, rappelé par les républicains première nuance, qui l'expédient à Tours, deuxième nuance, et finalement à Bordeaux, troisième nuance ?

Et comment passer sous silence l'odyssée de l'ami de collège, Mussard, qui après avoir essayé cinquante positions et n'avoir réussi dans aucune, s'échoue finalement dans un élégant hôtel de la plaine Monceau à la suite de spéculations heureuses, mais malhonnêtes ? Type du parfait rastaquouère, il brasse les affaires financières et lance sur le marché des mines d'or sises au pays des songes, où, en fait d'exploitation, il n'y a guère que celle des actionnaires éblouis. Au début, il n'était que chevalier d'industrie ; le voilà comte et ses voitures resplendissent de son nouveau blason : il arme, au mépris de toutes les règles héraldiques, d'or sur argent.

Je n'en finirais pas s'il fallait énumérer toute cette suite de contes charmants et spirituels qui servent de cortège à deux nouvelles plus étudiées, *Un Mariage d'amour* et *Princesse*, le dernier-né des livres de M. Ludovic Halévy. Je bouleverse ici l'ordre chronologique, et je m'en excuse, mais peut-être penserez-vous avec moi, Messieurs, qu'il vaut mieux épuiser les petits rayons de la bibliothèque avant d'examiner les planches favorites où se coudoient la *Famille Cardinal*, l'*Abbé Constantin* et *Criquette*.

*Un Mariage d'amour*, son nom l'indique, est le récit

piquant de tous les incidents qui ont commencé à une première rencontre pour se terminer au premier dîner de fiançailles, — mais ce récit est fait en partie double, et c'est le charme principal de cette bluette. Lui, brillant capitaine de chasseurs à cheval, a pris de petites notes journalières, monosyllabiques. Elle, jolie blonde de vingt ans, a griffonné un gros registre de maroquin rouge. Le premier entretien s'ébauche à propos... de l'achat d'un cheval, — et rien n'est plus « nature » que les transports de notre pauvre amoureux, brûlant de parler d'Elle et n'ayant pour unique confident que son ordonnance, le fidèle Picot. Puis peu à peu le temps marche, le cœur aussi, et... et nous savons qu'ils sont toujours heureux. M. Ludovic Halévy a merveilleusement tiré partie de ces deux journaux intimes qui se répondent et se complètent l'un l'autre. En observateur qui connaît ses semblables, il n'a pas interverti les rôles, et aux laconiques remarques du capitaine, il oppose avec esprit les longues pages de Mademoiselle. Puis Monsieur devient jaseur, jusqu'au moment où il ne procède plus que par points d'exclamation. Alors, nous le quittons ; il n'a plus rien écrit, ses confidences personnelles devenaient inutiles, il avait en effet trouvé à qui il pouvait les faire.

Pour être franc, je dois vous avouer, Mesdames, que *Princesse* m'a beaucoup moins séduit qu'*Un Mariage d'amour* et que le type de jeune fille qui se dépeint, elle aussi, dans son mémento quotidien m'a quelque peu déplu. Catherine Duval est fille d'industriels millionnaires ; assoiffée de luxe et de succès mondains, elle aspire à quitter le Marais pour le quartier Malesherbes et à troquer un nom qui lui pèse et

son argent contre une couronne — même non fermée.
Elle réussit, au delà de ses espérances, puisque nous
voyons le prince Romanelli demander sa main et obtenir
ses millions. Mais cette réalisation d'un rêve trop ardem-
ment caressé ne nous enchante que très médiocrement.
En effet, c'est d'un bien petit cœur que de rougir d'un nom
ordinaire, mais honorable, et de se poser, à vingt ans, cette
éternelle question : Combien donc puis-je avoir de dot ? —
Si M. Halévy a voulu nous tracer un type de jeune fille
sympathique, je me permettrai de dire qu'il n'a peut-être
pas réussi. A-t-il au contraire voulu nous dépeindre (et je
serais tenté de le croire) les prétentions par trop aristocra-
tiques d'une fille de richissime industriel, et cela pour les
critiquer ; dans ce cas, il n'est pas resté au-dessous de la
tâche. La pierre qu'il a malignement jetée dans le jardin
de la nouvelle princesse est bien polie, soigneusement
enveloppée de velours... découpé à l'emporte-pièce. En
tombant, la petite pierre n'aura blessé personne, mais elle
est tombée et elle est tombée juste.

## II

Et maintenant, Messieurs, nous sautons brusquement à
pieds joints dans le domaine de la haute comédie et de la
satire la plus spirituelle. Nous avons feuilleté ensemble de

jolis contes, mais ce n'étaient que des contes. Il nous faut trouver chez M. Ludovic Halévy une œuvre de plus longue haleine, un tableau plus fini que ces légers coups de plume jetés au hasard de la fantaisie. Nous n'irons pas loin, entrez avec moi à l'Opéra et pénétrons dans les coulisses.

On joue le second acte du *Faust*, le ballet flamand commence, tout le personnel est en scène. — Seules, les mères de ces demoiselles peuplent la solitude du foyer de la danse. — En voici une plus attentive que les autres aux figures du ballet. « Appuyée contre un portant, un vieux « tartan à carreaux sur les épaules et de vastes lunettes « d'argent sur le nez, elle fixe sur la scène de gros yeux « écarquillés et attendris. » — Ah ! ne riez pas, Messieurs, de la sollicitude maternelle. Ses deux fillettes, Pauline et Virginie, exécutent un pas de caractère, et cette mère modèle est sous le coup de la plus vive anxiété. Elle bat la mesure de sa vénérable tête encadrée de boucles grises. Oh ! ces boucles grises ! tout un poème. Bien frisées, légèrement poudrées de la poussière des décors, de vraies boucles de douairière. Madame Cardinal (vous l'avez reconnue) avec les cheveux noirs et les bandeaux plats de la rigide Aurélie, tutrice de Criquette, ce n'était plus Madame Cardinal. M. Ludovic Halévy l'a bien compris ; aussi a-t-il donné à sa proverbiale héroïne cette auréole de l'âge mûr qui éclaire les vertus domestiques. Et les vertus domestiques, c'est le fait de Madame Cardinal. Quand elle mourra, ce qui sera un deuil pour la gaieté française, on pourra sans crainte graver sur le marbre : « Épouse modèle, mère accomplie. »

Voyez comme elle veille sur ses enfants, comme elle s'applique à dorer leur existence... avec l'argent des autres.

Elle sait bien que ses fillettes n'ont, hélas! en fait de capitaux que les sept péchés du même nom et leurs pirouettes. Aussi rien ne lui coûte: démarches, prières, elle met tout en jeu, tout jusqu'au ciel qu'elle prend à témoin de ses tendresses maternelles ; je n'en veux pour exemple que la scène qu'elle fait à un petit vicaire des Batignolles, parce que ce dernier refuse de dire une messe pour un heureux début à l'Opéra. Elle n'hésite pas à faire alliance avec ce qu'on est convenu d'appeler le Hasard pour sonder le terrain, aplanir les difficultés, préparer les voies... Dans ces unions... *in partibus... infidelium*, elle se multiplie, cumulant les rôles de témoin et de maire (sans- jeu de mots). Oh ! la digne femme !

Vous pensez bien, Mesdames, que je ne puis qu'effleurer cette question délicate ; la situation tout au moins bizarre d'une mère qui comprend ainsi la vie de famille ne saurait s'analyser longtemps sans choquer les plus blasés. Avant moi, un maître dans l'art des synonymes et des métaphores. M. de Pontmartin, craignant de déflorer par une étude trop approfondie le tact et la discrétion de l'auteur, à dû poser la plume ; souffrez que je l'imite. Il fallait pour traiter un sujet aussi scabreux, aussi raide, disons le mot, une plume primesautière et parisienne sans doute, mais avant tout soucieuse de ménager les susceptibilités du lecteur. M. Ludovic Halévy a eu ce talent ; ceux qui ont lu (et ils sont nombreux ) les *Petites Cardinal* ne me contrediront pas.

Et M. Cardinal, me direz-vous ? Patience, Messieurs, M. Cardinal était à son bureau de travail en train d'élaborer péniblement un long pamphlet contre les Jésuites, sa bête noire. Je viens de le prévenir, il daigne pour vous s'arracher une minute à ses travaux... Il arrive, il arrive, le voilà!

A l'heure actuelle, M. Cardinal est retiré à Ribeaumont, aux environs de Paris, dans une maison de campagne achetée sur le fruit de ses vertueuses économies. Mais avant de parvenir à cette situation de riche propriétaire, que d'années écoulées! et comme M. Ludovic Halévy, chemin faisant, met à nu d'une main tout à la fois légère et sûre les inconséquences paternelles de ce prud'homme de la galanterie! Digne époux de Madame, il feint cependant d'ignorer tout. Songez donc, lui, le dignitaire des loges maçonniques, le farouche libre-penseur, l'apôtre des Batignolles, le républicain intègre, s'il allait savoir! — Mais il ne sait rien, il ne veut rien savoir. — Et, comme le dit Madame Cardinal, « M. Cardinal a de l'instruction, il traite les choses d'homme « à homme... et sa dignité n'est pas un instant compromise. » La voilà dans toute sa beauté, l'épouse accomplie, esclave de son seigneur et maître, entourant cette noble tête de vieillard d'un triple diadème d'honneur, de désintéressement et d'austérité!

Ne faisons que soupçonner, si vous le voulez, ces révélations intimes plus commodes à lire qu'à exposer et quittons ce terrain glissant pour regagner la terre ferme. Le sujet par lui-même était assez choquant; le prestigieux esprit de M. Ludovic Halévy a su le rendre éminemment comique, parce qu'il est éminemment humain. Ne vous récriez pas. Dans cette satire mordante, l'auteur n'a été qu'un fidèle observateur; les coups y pleuvent dru et ferme, et soyez sûrs que dans les bas-fonds des Batignolles ou sur les hauteurs de Montmartre il y a bien des épaules qui doivent en porter la trace.

A l'époque où sévissait la mode des sous-titres, l'histoire de M. Cardinal homme politique aurait pu également s'appeler « histoire d'un petit bourgeois enrichi, sous la troisième République ». A force d'entendre débiter des bêtises, on finit par en dire, et à force d'en dire, on finit par se prendre au sérieux ; l'accident est fatal. C'est le cas de M. Cardinal, cas d'autant plus grave que notre homme a de lui-même la plus haute opinion. Émet-il une théorie politique ? lance-t-il à brûle-pourpoint ces phrases stéréotypées entendues dans les réunions publiques ? voyez-le, le corps se redresse, les veines se gonflent, le front devient hautain, et toute cette ridicule personne tend même à rappeler le physique de ses illustres prédécesseurs de 89 qu'il croit ses égaux. Si, par hasard, il vient à défendre son sanctuaire contre les obsessions de jeunes officiers fringants, c'est la pose du célèbre orateur de la première Révolution qu'il essaie de rééditer. « Sortez, vils prétoriens ! » — Et d'un geste superbe, il étend la main vers la porte. — Et, lorsque Madame essaie de calmer Monsieur, celui-ci de lui répondre magnifiquement : « As-tu vu mon geste ? c'était le geste familier de Mirabeau ! » La ressemblance physique ne suffit bientôt plus à ce nouveau Plutarque. Brûlant de faire revivre en lui les aptitudes des génies disparus, il dicte plusieurs lettres à la fois « comme César et Napoléon » il s'embrouille peut-être, mais il les dicte. Les lauriers de M. Krupp l'empêchent de dormir ? il invente la charrue-canon. « Nous sommes en paix, Madame, c'est une charrue. La guerre éclate, je retourne, Monsieur, c'est un canon. » Et quel foudre de guerre ! Plus d'armée permanente, cet odieux vestige de la féodalité (relisez donc l'histoire, cher monsieur), tout le monde soldat, la nation

armée! Système en général fort vanté par ceux que le ser-
vice militaire incommode.

Qu'il est donc changé, notre Cardinal d'autrefois! Sa
vertueuse épouse elle-même ne le reconnaît plus. Sans
doute, elle avait jadis un affectueux respect pour ce père
scrupuleux et délicat qui ne voulait rien savoir et traitait
les choses d'homme à homme maintenant; ce n'est plus du
respect, c'est du fétichisme, de l'admiration à outrance. Ces
grands mots de liberté, d'immortels principes, de résurrec-
tion sociale la troublent, l'enivrent, la suffoquent.

Et d'ailleurs comment résister à cette atmosphère de
luttes et de fièvres? comment ne pas suivre aveuglément
la carrière politique de ce nouveau Mahomet qui s'écrie à
tout propos: « Madame Cardinal, je le sens; il y a de
l'apôtre en moi.

— Mais repose-toi donc, Monsieur Cardinal, tu vas te faire
du mal.

— Me reposer! jamais. D'ailleurs, je puis mourir, tout
est consigné dans mes papiers. »

Le testament politique de M. Cardinal! Encore une pièce
curieuse à recueillir et à garder religieusement, à moins
que..... à moins que son dossier n'en recèle pas d'autres
plus compromettantes.

Mais, au fond, je comprends l'enthousiasme et la con-
fiance aveugle de Madame Cardinal. Son mari lui redit
sur tous les tons cette phrase profonde et sensée, la seule
peut-être qui soit sortie de ses lèvres: « Vois-tu, Madame
Cardinal, avec le suffrage universel, on arrive à tout. »
Que la brave dame regarde autour d'elle qu'elle ait la
fantaisie d'examiner un peu vers la gauche, vers l'extrême

gauche, les bancs où siègent édiles et députés, peut-être pensera-t-elle que M. Cardinal n'a pas trop préjugé de ses moyens, et qu'il ne s'abuse pas sur les brillantes destinées parlementaires que lui prépare la naïveté des électeurs. Mais en attendant que la Chambre goûte le repos d'une franche gaieté au premier discours politique du futur député, celui-ci consacre à ses compatriotes les prémices de ses talents oratoires.

Ah! nous sommes loin du petit cinquième des Batignolles. C'est maintenant une estrade pavoisée de drapeaux écarlates et encadrée des bustes de Voltaire et de J.-J. Rousseau qu'il faut à la faconde de M. Cardinal devenu conférencier, car il fait une conférence. Eh, mon Dieu, oui! pourquoi pas? tout le monde en fait aujourd'hui; une conférence sur Voltaire dictée à Madame et prononcée par Monsieur devant les Ribeaumontois ébahis qui, entre parenthèses, n'ont pas dû s'ennuyer pendant cet après-midi folâtre. M. Cardinal jugeant Voltaire! Épopée gigantesque, bien digne de susciter un nouvel Homère! Quel est donc l'homme d'esprit qui a dit un jour : La punition de Voltaire sera d'être le dieu des imbéciles? J'ai oublié son nom ; mais que ce spirituel inconnu me permette de lui avouer que sa prophétie a eu sa pleine réalisation, et bien au delà, dans ce type irrésistiblement bouffon et ridicule de farouche libre-penseur.

Eh bien, Messieurs, que dites-vous de cette satire? En la résumant, je la déflore mais il faut savoir se borner. Quelle merveilleuse volée de bois vert, quelle copieuse fouaillée M. Ludovic Halévy administre à ce bourgeois vantard et poltron, orgueilleux et pédant, grotesque, en un mot socialistes et franc-maçon! Allons, un bon mouvement, cher Maître. Et puissions-nous un jour applaudir sur la scène cet esprit étincelant qui pétille autour de la face prétentieuse et boursoufflée de votre héros, grâce à vous, devenu proverbial!

III

Après cette étude spirituelle et gauloise il semblerait que M. Ludovic-Halévy eût trouvé sa voie littéraire et ne dût jamais s'écarter de ces sujets chers à un vieil abonné de l'Opéra. Erreur, Messieurs, le talent est souple ; il se plie avec une merveilleuse facilité aux situations les plus opposées, aux contrastes les plus

Après la famille Cardinal qui eût pu songer à l'abbé Constantin? Personne. Et cependant les deux livres sont là côte à côte. On peut dire de l'esprit de l'homme ce que l'on a dit de l'homme lui-même : il s'agite et Dieu le mène.

Faut-il vous rappeler le sujet de l'*Abbé Constantin*? Inutile, n'est-ce pas? Comme moi, sans doute, vous l'avez lu et relu. Le bon curé n'est pas un étranger : c'est une vieille connaissance que nous revoyons avec un plaisir toujours nouveau ; la présentation de rigueur serait donc un hors-d'œuvre. Le succès du nouvel ouvrage fut immense ; il s'est longtemps continué, aussi bien comme roman que comme pièce sur la scène du Gymnase qui, à ce moment, pouvait remplacer pour les familles notre pauvre Opéra-Comique de matrimoniale mémoire.

Les causes de ce succès furent multiples. Deux d'entre elles méritent d'être signalées. Les romans honnêtes sont si rares aujourd'hui que l'honnêteté en littérature pourrait être une spéculation, si elle n'était un principe. Aussi voyons-nous les mères de famille se jeter sur les premières éditions et laisser à leurs filles le plaisir exquis de couper, elles-mêmes, les pages d'un livre, d'un roman ! exempt de l'examen maternel. Dans l'année qui suivit la publication de cette idylle, ce fut dans les salons un dithyrambe à faire sécher de jalousie romanciers passés et futurs ; l'ouvrage fut bien attaqué par quelques envieux, mais les avocates étaient trop nombreuses et trop éloquentes pour ne pas avoir cause gagnée.

La faveur féminine fut donc le premier élément de succès qui salua le nouveau roman. Il en est un autre plus littéraire et sur lequel je me permettrai d'insister davantage.

A un excès dans un sens, l'on est toujours tenté d'opposer un excès dans un sens contraire. Aux dévergondages et aux excentricités du réalisme, le public finira par préférer, dans un temps peut-être plus rapproché qu'on ne le croit, la simplicité et la fadeur des berquinades. Loin de moi, toutefois, la pensée de qualifier ainsi l'*Abbé Constantin*. Les sentiments qui y sont exprimés sont heureusement exempts de cette mièvrerie chère à l'Ami des enfants. Mais on peut dire que la sympathie des lecteurs fut provoquée, en outre des qualités véritables de l'ouvrage par les dégoûts trop fréquents auxquels nous avait habitués un certain genre de littérature actuelle. Feuilletez-en les productions. A côté de pages superbes de vigueur, combien de chapitres écœurants ! Eh bien, n'avez-vous pas goûté tout le charme tranquille d'une œuvre peut-être moins fouillée, mais certainement plus conforme à nos sentiments, notre milieu, notre éducation ? Pour ma part, j'ai senti un bien-être indéfinissable en parcourant ces pages, en m'associant aux délicatesses de Jean Reynaud, à l'amour de Bettina et à la charité du vieux curé de campagne.

Que de scènes charmantes, et avec quelle grâce nous sont-elles retracées ! Le presbytère pris d'assaut par deux Américaines, jolies comme elles savent l'être, le départ pour les grandes manœuvres et enfin l'escapade de Bettina au petit jour.

Mais, a-t-on dit, avec un prêtre charitable comme la religion dont il est le ministre, un lieutenant d'artillerie amoureux et une fille aux yeux bleus, quelle intrigue, quel intérêt pouvez-vous attendre de personnages aussi simples et aussi parfaits? M. Ludovic Halévy, avec ces éléments primitifs, ne peut écrire une œuvre attachante. Et cependant il l'a écrite et c'est son principal mérite. Quoi qu'on dise, avouons que l'étude de sentiments honnêtes et délicats est tout aussi attachante que celle de passions désordonnées ou malsaines. Et je crois qu'il est permis d'analyser les angoisses amoureuses de notre lieutenant avec plus de plaisir que les affres de l'horrible agonie de Coupeau.

La variété des détails, la richesse du cadre, dites-vous, cache la pauvreté de l'intrigue. En examinant bien les choses, refuserez-vous à l'abbé Constantin une certaine valeur psychologique ? Et, à parler franc, ce reproche de fadeur n'est-il pas fondé sur une théorie trop exclusive dans ses applications ?

Plusieurs de nos romanciers modernes voudraient, en effet, voir le roman comme certains auteurs dramatiques désireraient voir le théâtre, débarrassé de ces décors qui détournent l'attention au détriment des situations et des scènes. L'intérêt, selon eux, ne doit naître uniquement que de l'étude de l'âme humaine et de l'âme seule. Tout le reste leur paraît inutile. Cette opinion est sinon fausse, du moins exagérée. Supprimez les détails, supprimez les décors, mais vous supprimez du même coup le milieu où se passe la vie. Nos pensées, nos sentiments nous sont, certes, dictés par le cœur ou par l'esprit, mais l'influence du milieu peut les modifier et, dans nos déterminations, les mille riens qui nous entourent, les mille détails, même ceux qui nous échappent, ont aussi leur importance, et c'est méconnaître la nature de l'homme que de ne voir, dans les incidents quotidiens, qu'une quantité négligeable ou encombrante. Sans doute, il ne faut pas sacrifier le dialogue ou l'intrigue à des descriptions ou des changements à vue ; il ne faut pas oublier les *Pattes de mouche*, pour se livrer à la *Tosca* ou au *Crocodile*. Mais entre ces deux extrêmes, il est un juste milieu que l'auteur doit garder. Dans un roman les incidents, les descriptions, les peintures doivent accompagner l'intrigue pour la faire ressortir, de même qu'au théâtre les décors et les jeux de scène doivent être le cadre du tableau scénique sans en être la toile de fond.

M. Ludovic Halévy a été qualifié par quelques-uns de metteur en scène, habile sans doute, mais c'est tout. Le reproche est injuste. Si le cadre est agréable, le tableau l'est encore plus, et il possède en outre le mérite d'être peint avec un tact, une simplicité et une délicatesse infinies.

Quel séduisant vieillard, ce bon curé de Longueval ! A travers les plis de sa soutane usée, on sent battre un cœur aimant, généreux, charitable. Tout dévoué à ses ouailles et à son filleul, il veut vivre et mourir à l'ombre de ce clocher, de ce sanctuaire qu'il a faits siens, pour reposer ensuite dans le petit cimetière, aux côtés de son ami, le docteur Reynaud. Il donne la chasse aux pauvres, sûr de ne jamais faire buisson creux ; sa main droite ignore ce que donne la gauche, car toutes deux en même temps distribuent les riches largesses de ses nouvelles paroissiennes et les économies de son mince avoir. Dépeint par un catholique, le type serait déjà bien attachant ; tracé par un israélite, il l'est plus encore. Le digne prêtre n'est pas la seule figure sympathique que nous saluerons dans le roman, mais on sent y planer partout son dévouement et sa bonté, comme les anges gardiens du bonheur de son filleul.

L'amour qui unira plus tard aux pieds de l'abbé Constantin Jean Reynaud et Bettina Scott fait tout le fond de ce bijou littéraire. Comment cet amour a-t-il commencé ? Comment s'est-il développé ? Chez notre lieutenant, il a éclaté à la suite d'une première rencontre, d'un dîner improvisé entre intimes. Mais quel en était l'heureux objet ? En évoquant aux premières lignes l'image de Bettina, M. Ludovic Halévy eût été en pleine contradiction avec la nature et les sentiments qu'il prête à son héros.

Jean Reynaud, épris à brûle-pourpoint de la richissime Américaine, eût pu, en effet, nous sembler trop intéressé dans ses amours. Son cœur va de miss Bettina à M<sup>me</sup> Scott mais revient aussi vite qu'il est parti pour se fixer désormais. Quant à songer au mariage, lui, le pauvre fils du docteur, il ne le peut, il ne le doit pas : ces millions l'effraient et lui interdisent toute espérance. Et alors même que Bettina triomphe de la beauté de sa sœur, alors même qu'elle laisse tomber dans le gros gant d'ordonnance ses « deux blanches mains qui gantent six et quart », comme dirait Théodore de Banville, Jean Reynaud voyant se dresser devant lui toutes ces richesses, répond, désespéré, aux affectueuses questions de son parrain : « Mais, je l'épouserais de suite, si elle était pauvre : hélas ! elle est riche et je ne puis songer à elle ! »

Il est piquant de remarquer que ce miroitement de l'or n'ait pas séduit involontairement M. Ludovic Halévy, et qu'il en ait fait un obstacle au lieu d'un moyen ; l'auteur est né dans la religion juive et c'est, ma foi, chose rare de voir que, contrairement à l'avis de ses coreligionnaires, le dieu Million peut quelquefois être un mauvais ange au lieu d'une providence.

Ces délicatesses d'un cœur d'honnête homme, qui se dérobe à l'opulence, cette frayeur de l'argent qui gâterait un rêve de bonheur, tout cela, Messieurs, n'est-il pas exquis ? Et cette étude d'une âme fièrement indépendante n'offre-t-elle pas une page de psychologie qui pourrait imposer silence à d'injustes ou envieuses critiques ?

La nature de Bettina est non moins attachante. Chez elle, l'amour n'a pas éclaté : les femmes, en général, puisent la fidélité de leurs tendresses dans le calme avec lequel elles les accueillent. Elle n'eut tout d'abord que de l'affection pour Jean Reynaud, puis cette affection grandit peu à peu par le voisinage et les relations quotidiennes ; et l'amour est entré à pas de loup, se faisant petit, tout petit, et jetant dans ce cœur neuf un trouble charmant qui nous change heureusement de ces grands élans de passion plus fréquents dans le roman et sur le théâtre que dans la vie réelle. Elle aime et ne s'en aperçoit pas encore ; c'est bien féminin. Un dernier entretien avant le départ de Jean Reynaud pour les grandes manœuvres décide de son avenir, et lui dévoile à elle-même l'inclination qu'elle n'osait s'avouer. Pourtant le mot fatal y fut à peine prononcé, mais entre affections les demi-aveux disent bien des choses. Toute émue, toute troublée de cette confidence intime, elle l'avoue câlinement à sa sœur, Mme Scott — et dans cet aveu même nous ne verrons point davantage les transports d'une passion irrésistible qui brise tous les obstacles. « Je l'aime, dit-elle, je sens que je l'aime, mais si doucement, si doucement. » Et elle rit à travers ses larmes.

N'est-ce pas, Mesdames, la vie telle qu'elle est, cette émotion longtemps contenue d'un cœur qui s'entr'ouvre à son premier amour, qui chante, qui rit, qui pleure ?

Dans le *Monde où l'on s'ennuie*, M. Pailleron a ciselé d'une délicieuse expression ce trouble involontaire : « Giboulée d'avril, dit-il, c'est la fleur qui vient. » Dans le roman la fleur est venue ; elle s'est épanouie toute rougissante au premier aveu, elle embaume les pages de ce livre et en pénètre le style de son parfum. Et l'on pourrait, ce me semble, par une association d'idées toute naturelle, redire à ce propos ces vers dont M. Sully-Prudhomme saluait les souvenirs de sa jeunesse :

> Il semble que les jours se parfument des choses
> Et qu'un passé d'amour ait l'odeur d'un sentier
> Où le vent balaya les roses.

Mais il nous faut quitter l'*Abbé Constantin*. Nous aurions encore bien des choses à dire. Quand le cœur et l'esprit galopent de compagnie, ils vous entraînent loin, trop loin même ; et force nous est de quitter ces aimables voyageurs. Et je ferme ce petit volume avec une impression toujours vivante de jeunesse, de délicatesse et d'honnêteté. L'argent que l'on érige maintenant en dieu y est placé sur son juste terrain ; il n'a pas desséché le cœur, il ne le supplante pas davantage, il l'encombre même.

Dans ce siècle d'agiotage et de fortunes d'un jour il fallait un certain courage et encore plus de talent pour faire universellement accepter cette théorie. M. Ludovic Halévy a fait preuve de ces deux qualités. « J'espère qu'il me pardonnera mon argent, » s'écrie Bettina en parlant de son fiancé. Telle est, Messieurs, la phrase que j'ai retenue de ce livre et qui m'en a le plus frappé. Elle en résume la théorie et nous montre que si pour bon nombre Sa Majesté l'Argent est un monarque révéré, il est heureusement des cœurs plus indépendants et plus haut placés qui ne se courbent pas devant lui, mais s'inclinent devant le senti-ment généreux et tendre dans lequel tous les autres viennent en quelque sorte se confondre et s'harmoniser : l'amour.

## IV

Un mot si vous le permettez, un dernier mot à propos de *Criquette* avec laquelle M. Ludovic Halévy nous ramène au théâtre. Nous avons fait un joli voyage en province; mais la nostalgie du boulevard est incurable, tôt ou tard elle s'impose. Encore une édition de la famille Cardinal, allez-vous me dire. Détrompez-vous, Messieurs, il n'en est rien. L'auteur de l'*Abbé Constantin*, le cœur encore tout ému, tout rajeuni par ces dernières scènes, ne veut pas rompre en visière avec ces charmants souvenirs.

Le roman par lui-même ne renferme qu'une faible intrigue; tout l'intérêt repose sur deux figures que la longueur de ce bavardage me force de n'esquisser qu'à grands traits : la protégée du petit pâtissier Pascal, la petite marchande de violettes, la princesse Colibri, fille adoptive de la princesse Savéline, ex-danseuse à la Porte-Saint-Martin, Criquette en un mot; et une certaine Aurélie, femme de chambre de l'ex-danseuse, qui, réfugiée en province, essaie d'oublier elle-même et de faire oublier aux autres le métier peu honorable de cameriste de coulisse. Criquette lui a été confiée; la garde de cette enfant, que l'atmosphère viciée des théâtres n'a pas corrompue, donne à cette ancienne Cardinal au petit pied un certain vernis de maternelle sollicitude et de dévouement. « C'est une nièce pauvre, adoptée par moi, dit-elle négligemment en faisant un bésigue spirituel avec le curé de l'endroit. » Je ne connais pas dans toutes les œuvres de M. Ludovic Halévy un caractère plus séduisant, plus sympathique que celui de la pauvre orpheline ; elle est même, dans son malheur, plus intéressante que Bettina Scott qui n'a pas connu les privations et n'a pas vécu dans ce milieu corrupteur. Et cette grâce, cette innocence ne se démentiront jamais, à aucune page de ce livre qui demanderait à lui seul une étude spéciale.

Le rêve de la rigide Aurélie serait de marier Criquette à un homme honorable, bien posé ; ce rôle de belle-mère couronnerait en effet d'une heureuse façon cette carrière accidentée, commencée sous des auspices moins honorables. Aussi n'épargnera-t-elle rien pour arriver à ce but, elle ira jusqu'à intercepter les quelques lettres banales que Pascal, devenu acteur et jeune premier, écrira entre deux répliques à son ancienne amie. Après maintes hésitations, Criquette consent à se marier mais elle pose une condition que lui dicte la délicatesse de son cœur ; son fiancé connaîtra son passé ; il apprendra de sa bouche que la petite orpheline a joué à la Porte-Saint-Martin le rôle de la princesse Colibri, et qu'elle n'est nullement cette nièce adoptée que revendique la soi-disant affection de sa pseudo-tante. La vérité ! à aucun prix, il ne faut la savoir ; ce serait pour Aurélie l'effondrement cette renommée d'honorabilité conquise avec tant de peine, et Criquette est cloîtrée dans un pensionnat jusqu'à ce que sa résolution ait changé. Mais l'enfant reste inébranlable. Enfin, assoiffée de grand air et de liberté, elle s'échappe après une longue année d'emprisonnement et nous la retrouvons sur le champ de bataille du Mans, ambulancière toujours empressée et souriante. Mais la fatigue a trahi ses forces, et elle meurt au seuil d'une nouvelle affection, victime de son dernier dévouement.

Que dire de plus, Mesdames ? M. Ludovic Halévy s'est montré dans ces circonstances ce que nous l'avons déjà connu : homme de cœur et de talent.

Et comme il trace d'une main sûre et intraitable cette silhouette de fausse dévote qui prend le ciel à témoin de toutes les vilenies qu'elle commet de sang-froid, comme s'il s'agissait d'une œuvre pie, qui se faufile dans les réunions de charité, qui furète dans les sacristies, raccommode les aubes, gourmande le bedeau et s'incline dévotement sur le passage de M. le curé ; qui a ses places au premier rang dans la nef de la cathédrale où elle trône pendant grand'messe, vêpres et complies, qui enfin est la vivante incarnation du proverbe « en devenant vieux le diable se fait ermite » : ce qui au fond ne l'empêche pas, il faut le reconnaître, de rester diable jusqu'à la fin de ses jours.

Que Criquette me pardonne la page trop écourtée que je lui ai consacrée, mais ses frères et sœurs ont aussi leur charme. En leur compagnie le temps passe vite et si je me suis attardé avec eux plus que de raison, j'espère qu'elle me pardonnera les marques d'affectueux intérêt que j'ai prodiguées aux autres membres de sa famille.

A la fin de cette trop longue et indiscrète causerie, vous êtes, Messieurs, en droit d'attendre de moi une appréciation générale des œuvres de M. Ludovic Halévy. La tâche m'est d'autant plus facile que d'autres m'y ont devancé. Qu'ont-ils dit ? Qu'ont-ils écrit ? Je l'ignore. Mais il

est du moins un fait que personne ne pourra contester
c'est que les juges en pareille matière avaient toute l'au-
torité du talent, de la parole et de la plume. Ils étaient
trente-neuf, tous immortels, ici-bas du moins, assure l'un
d'eux, qui ont cité notre auteur à la barre de la littérature
et de l'esprit français. Les deux avocats étaient, dit-on, élo-
quents, aussi la cause fut-elle gagnée à peine entendue ;
et l'Académie française ouvrit toutes grandes ses portes à
l'auteur des *Petites Cardinal* et de l'*Abbé Constantin*.
Quel est celui des deux livres qui assura cette distinction?
question longtemps discutée et qui n'a point encore été
résolue. Pour être tout à la fois conciliant et sincère recon-
naissons que les deux œuvres favorites du public ont cha-
cune de leur côté contribué à cet honneur.

Dans l'une, la création de toutes pièces de deux types
qui resteront légendaires, M. et M$^{me}$ Cardinal, l'esprit
parisien dans tout ce qu'il a de plus étincelant, la verve la
plus endiablée, les saillies tout à la fois les plus comiques
et les plus profondes, l'éclat du rire gaulois, du rire na-
tional par excellence, que nos pères ont connu et aimé,
et que nous feignons maintenant de méconnaître pour lui
préférer le ricanement grossier ou stupide du scepticisme
et de l'immoralité. Dans l'autre, la simplicité élégante du
style, la distinction de l'homme du monde, que les
spectacles d'un monde joyeux et quelquefois un peu mêlé
n'ont point blasé, et qui a su garder cette aristocratie
de sentiments, cette fraîcheur d'idées malheureusement
si rares à notre époque.

Peut-être, Messieurs, les académiciens après avoir lu les
*Petites Cardinal* avaient-ils d'avance découpé leur bul-

letin de vote en reconnaissance des bons moments qu'ils devaient au spirituel conteur, je ne dis pas non ; mais ils ont attendu l'*Abbé Constantin* pour y écrire le nom de leur nouveau collègue.

Vous avez, Mesdames, reculé pour moi les limites de la bienveillance, je ne veux point les dépasser. Et je ne saurais mieux trancher cette dernière question et terminer cette causerie sans prétentions qu'en vous citant l'heureux mot d'un fin critique : « L'abbé Constantin ayant ramené au bien Madame Cardinal, tous deux à leur tour mènent M. Ludovic Halévy à l'Académie française. »

D. B. L.

Imp. de la Soc. de Typ. — NOIZETTE, 8, r. Campagne-1re, Paris.

www.ingramcontent.com/pod-product-compliance
Lightning Source LLC
LaVergne TN
LVHW010450060726
842527LV00005B/1789